ÉLOGE

DE

BERNARDIN DE SAINT-PIERRE.

PAR M. PATIN,

MAÎTRE DE CONFÉRENCES A L'ÉCOLE NORMALE.

DISCOURS

Qui a remporté le Prix d'éloquence proposé par l'Académie royale des Sciences, Belles-Lettres et Arts de la ville de Rouen.

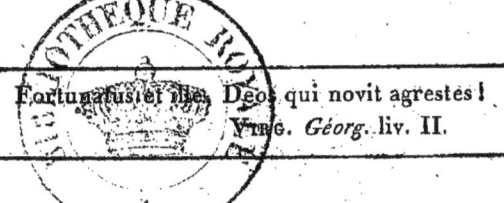

Fortunatus et ille Deos qui novit agrestes!
Virg. *Géorg.* liv. II.

PARIS.
IMPRIMERIE DE LE NORMANT, RUE DE SEINE.
1816.

ÉLOGE

DE

BERNARDIN DE SAINT-PIERRE.

Dans tous les temps, l'homme a voulu connoître la nature; dans tous les temps il a voulu la peindre; et malgré les découvertes de tant d'esprits pénétrans, malgré les tableaux de tant de génies sublimes, la nature n'a pas encore livré à notre empressement tous ses secrets et toutes ses beautés; elle nous ménage des surprises nouvelles; et cette inépuisable recherche suffit et suffira toujours à la curiosité de la science et à l'enthousiasme des beaux-arts. Ainsi, tandis que quelques hommes privilégiés lèveront d'une main hardie le voile mystérieux qui la couvre, d'autres plus jaloux encore de l'admirer que de la bien connoître, contemplant avec ravissement ce qu'elle nous laisse entrevoir, sans trop chercher à surprendre ce qu'elle a voulu nous cacher, s'abandonneront en paix aux charmes de ce spectacle, feront passer dans des peintures animées la fraîcheur et la vie des ouvrages de la création, s'élèveront jusqu'à leur Auteur, et rempliront leurs écrits du récit de sa grandeur, de sa sagesse, de sa bonté. Tel a été l'écrivain illustre dont la France pleurera long-temps la perte, et qui reçoit aujourd'hui de ses concitoyens l'hommage public dû à ses talens. C'est à l'étude des beautés de la nature que Bernardin de Saint-Pierre se livra tout entier; la contempler, l'admirer, la peindre, fut l'occupation de sa vie. La nature, il nous l'apprend lui-même, fit de lui tout ce qu'il fut : hors d'elle il ne vit rien, hors d'elle il ne sentit rien. C'est elle qui lui conserva des sentimens religieux dans un siècle où l'homme, ébloui de ses propres lumières, méconnut trop souvent le Dieu qui se montroit à lui de toutes parts; c'est elle qui lui inspira des goûts si simples et des principes si purs, au milieu de tous les raffinemens d'une société corrompue; c'est elle qui donna à ses écrits le charme du naturel, et les grâces touchantes dont ils sont parés, à une époque où une vaine recherche égaroit le génie des beaux arts, et où la langue sévère des sciences et de la philosophie avoit glacé l'éloquence et la poésie elle-même. Enfin, lorsque rassemblant les fruits de ses longs travaux, il publia le recueil qui fit sa renommée, il le décora du nom de la nature, comme pour le lui consacrer. Il nous sera doux de louer une religion si élevée, une morale si aimable, des peintures si gracieuses, une éloquence si persuasive : trop heureux si quelque chose de cette chaleur pénétrante, qui règne dans ses ouvrages, pouvoit animer le foible essai que nous consacrons à sa mémoire! Nous tâcherons du moins d'y présenter une image fidèle de ses opinions et de son talent; ayant soin de nous défendre d'une admiration indiscrète; osant quelquefois blâmer ce qui nous paroîtra blâmable ; n'oubliant pas enfin que celui dont nous faisons l'éloge, n'aimoit pas les panégyriques, et qu'il ne pardonneroit pas au sien de manquer de vérité.

La gloire littéraire du dix-huitième siècle commençoit à décroître; les grands hommes qui l'avoient illustré n'étoient plus, et n'avoient pas laissé de successeurs ; une langueur secrète sembloit avoir frappé l'éloquence et la poésie; tout annonçoit une prochaine décadence, lorsque des hommes d'un grand mérite vinrent la retarder encore, et fermèrent dignement une époque si mémorable. L'un d'eux, long-temps éloigné de la littérature, s'y produisit tout-à-coup dans la maturité de l'âge et du talent, rappelant par l'éclat de ce début tardif, celui d'un écrivain célèbre, avec lequel il devoit avoir plus d'un trait de ressemblance. C'étoit Bernardin de Saint-Pierre. Né avec une sensibilité très-vive, il dut être frappé de bonne heure du spectacle de la nature, et se sentir puissamment attiré vers l'étude de ses beautés. Des circonstances particulières fortifièrent cette disposition naissante, et l'éloignant par degrés des distractions de la société, le fixèrent enfin pour toujours dans les tranquilles spéculations d'une vie contemplative.

Sa jeunesse s'étoit écoulée au milieu de cette longue guerre, que l'esprit philosophique sembloit avoir déclarée à tous les préjugés, et à tout ce qu'on appeloit alors des préjugés. Il n'avoit long-temps entendu parler que des abus de l'ordre social, des vices de nos institutions, de la nécessité d'une réforme. Ami et élève de J. J. Rousseau, auquel l'unissoit une singulière conformité de goûts et de caractère, il partageoit son éloignement pour les mœurs et l'esprit de son siècle. A ces premières impressions se joignit sa propre expérience ; il fit des hommes une étude bien malheureuse, puisqu'il les trouva toujours injustes et ingrats, et qu'il crut pouvoir leur reprocher les longues infortunes de sa vie. C'est ainsi qu'il fut insensiblement amené à chercher dans la solitude un bonheur qu'il n'avoit pu trouver dans le commerce de ses semblables. Sa confiance ne fut pas trompée ; il y trouva en effet ce calme et cette paix qui le fuyoient depuis si long-temps. C'est alors que se reposant enfin de tant d'agitations, son âme se forma l'image de cette beauté morale, dont notre société n'avoit pu lui offrir le modèle, et qu'il put jouir avec délices de la contemplation tranquille de cette autre beauté, qu'il avoit admirée si souvent dans les ouvrages de la nature. Long-temps errant et voyageur, il en avoit fait l'objet constant de ses études; il l'avoit observée dans tous les sites, sous tous les ciels, dans tous les climats; et lorsqu'il fut rendu à sa patrie, il chercha à la retrouver dans les récits des voyageurs. Enfin, déjà sur l'âge, assez près de la vieillesse, caché dans un faubourg de la capitale, il s'occupa de recueillir ce que tant de voyages, de lectures, de réflexions avoient pu lui apprendre; il ramassa, comme il le dit lui-même, ses descriptions, ses souvenirs, ses aperçus, ses conjectures, jusqu'à ses doutes et à ses ignorances, et il donna à ce recueil le nom d'*Etudes de la Nature*.

Cet ouvrage fut accueilli du public avec le plus vif intérêt. On crut y voir renaître la morale et l'éloquence du philosophe de Genève. Il reproduisoit en effet, sans trop de désavantage, les principaux traits du caractère de ce grand écrivain. C'étoit la même indépendance d'opinion, le même goût du paradoxe; c'étoit aussi la même pureté de morale , le même amour du beau et de l'honnête , la même force de persuasion. Si Rousseau avoit plaidé la cause de la nature et de la vertu, avec une raison plus puissante , des argumens plus pressans, une éloquence plus victorieuse, Bernardin de Saint-Pierre donnoit à ses leçons le charme d'une douceur attirante , et d'une tendresse toute paternelle. Du reste ses *Etudes* devoient piquer vivement la curiosité ; elles embrassoient une multitude d'objets différens ; on y trouvoit des idées nouvelles, si elles n'étoient pas toujours vraies , sur tout ce qui peut intéresser la raison humaine ; sur la religion, la philosophie , la morale , les sciences naturelles , l'agriculture , l'administration , la politique. Cette variété, agréable pour le lecteur, deviendroit embarrassante pour le panégyriste, obligé de resserrer dans des bornes étroites l'analyse et l'examen de tant de pensées diverses , si ces pensées ne se trouvoient liées entr'elles par une sorte d'unité , et rattachées comme preuves ou comme développemens à quelques principes généraux. Ces principes sont en petit nombre, et ils renferment toute la morale et toute la philosophie de Bernardin de Saint-Pierre. Un Dieu , une Providence, les attraits de la vertu, les plaisirs de la solitude , le charme des biens naturels et des affections domestiques, voilà le texte inépuisable de tous ses ouvrages.

Bernardin de Saint-Pierre avoit eu à se plaindre des hommes ; mais s'il crut devoir les quitter, il ne put se résoudre à les haïr. Il les aimoit et les plaignoit: instruit par le malheur, il savoit compatir à leurs maux, et il put prendre pour devise cette parole touchante d'un poëte latin, *miseris succurrere disco*. C'est aux infortunés qu'il consacra sa plume : il leur offrit les consolations qu'il avoit trouvées lui-même au milieu de ses longues disgrâces. Son premier soin fut de relever leur courage abattu par les désolantes doctrines d'une triste philosophie, et de leur montrer dans les cieux des yeux toujours ouverts sur leurs souffrances, une main qui soutient le foible dans le rude sentier de la vie, une puissance protectrice, qui n'a pas abandonné sa créature, et qui lui fait apercevoir à travers les nuages de cette vie misérable, les espérances d'une vie meilleure. Ce n'est pas par des raisonnemens qu'il tâcha d'établir l'existence de la Divinité ; il se défioit trop de la raison humaine, pour abandonner à ses incertitudes et à ses erreurs une si importante vérité. Il n'en voulut croire là-dessus que son cœur, bien sûr de n'en être pas trompé ; il reconnut un Dieu au sentiment de la Divinité, si profondément empreint dans notre nature, et dont on peut retrouver la trace dans toutes nos affections, dans nos plaisirs comme dans nos douleurs.

Si son cœur lui a dit qu'il existe un Dieu, l'ordre et la beauté de cet univers lui révèlent une Providence. Cet ordre se manifeste à lui par une multitude de convenances qu'il aperçoit entre les divers ouvrages de la création, et qu'il appelle *harmonies*. C'est à la recherche de ces harmonies qu'il s'applique, et cette recherche lui fait envisager la nature d'une manière qui lui est particulière, et qui le distingue des savans. Ceux-ci veulent connoître les principes et les élémens des choses; Bernardin de Saint-Pierre ne s'intéresse qu'à leur fin. Ils examinent une à une, et partie par partie, les différentes productions de la nature, pour leur assigner des caractères qui les distinguent, et les ranger ensuite en genres et en espèces. L'auteur des *Etudes* rejette toutes ces classifications qui sont l'ouvrage de la science, et non pas celui de la nature. Il ne veut connoître de chaque chose que son utilité et sa beauté; et pour cela il ne veut la voir que dans son ensemble et à sa place; il ne la sépare jamais des objets qui l'avoisinent, qui l'environnent, avec lesquels elle peut avoir des rapports, des convenances, des *harmonies*; ses systèmes sur la nature sont de véritables tableaux, de véritables descriptions, des paysages tout entiers.

Si une telle marche étoit peu propre à le mettre dans le chemin des découvertes, elle le conduisit du moins à des résultats agréables ; et ses écarts eux-mêmes si longs et si nombreux lui firent souvent rencontrer des points de vue pleins de charme et d'intérêt. C'en étoit assez sans doute pour une imagination qui ne cherchoit dans le spectacle de l'Univers que des sujets toujours nouveaux d'admiration et d'étonnement. Bernardin de Saint-Pierre ne pouvoit se soumettre à nos méthodes ; il reprochoit aux analyses et aux abstractions de la science de rétrécir et de défigurer la nature. Nos livres et nos systèmes ne lui en offroient que le roman ; nos cabinets et nos collections, que le tombeau. Il eût volontiers réclamé contre les travaux de l'agriculture, parce qu'ils altèrent en quelque chose l'ouvrage de la création ; du moins ne peut-il cacher sa joie, lorsqu'il voit nos plans contrariés par ceux de la nature, et *tous nos petits nivellemens confondus*, comme il le dit, *sous le grand niveau des continens.* Comme il se plaît à décrire ces sites agrestes et sauvages, où rien ne rappelle la main de l'homme ! comme il cherche à retrouver dans son imagination les grâces primitives de notre univers ! avec quel ravissement il s'égare sur les pas de ces anciens voyageurs, qui visitèrent les premiers ces antiques forêts, *dont le feuillage n'avoit encore ombragé que les amours des oiseaux, et qu'aucun poëte n'avoit chan-*

tées ! Qu'il aime à partager leur admiration naïve, à la vue des beautés nouvelles qui viennent frapper leurs yeux, et des scènes inattendues qui s'ouvrent à eux de toutes parts.

Oserons-nous nous plaindre d'une imagination à qui nous devons de si riantes peintures, et aurons-nous le courage de lui reprocher quelque injustice envers les systèmes et les méthodes ? N'est-ce pas, en effet, se laisser emporter trop loin que de les proscrire entièrement ? Sans doute la science humaine est sujette à s'égarer ; sans doute ces routes mêmes que nous nous frayons vers la vérité nous mènent trop souvent à l'erreur. Mais seroit-ce donc une raison de marcher sans guide et d'errer au hasard dans le vaste champ de la nature ? C'est à l'intelligence infinie du Créateur qu'il appartient d'embrasser d'une seule vue toute l'étendue de son ouvrage ; l'intelligence bornée de l'homme n'en peut saisir à la fois qu'une bien petite partie. Il faut qu'elle étudie le monde pour le connoître, qu'elle le divise pour l'étudier ; il faut qu'elle ajoute à ses forces, en les réglant ; à ses connoissances, en les rangeant. Les méthodes et les systèmes, ces créations de son génie, ces monumens de sa puissance, que sont-ils après tout que les soutiens de sa foiblesse ? Aussi seroit-ce en vain qu'il essaieroit de se soustraire à ce joug indispensable ;

il se verroit bientôt forcé de le reprendre: Bernardin de Saint-Pierre n'échappe point à cette nécessité; il a beau vouloir s'égarer, il faut qu'il se trace une route; il faut qu'il se propose un but; il faut qu'en dépit de lui-même il ramène à un seul principe toutes ses pensées, toutes ses observations, toutes ses recherches, et, par une contradiction plus naturelle qu'elle ne le paroît d'abord, cet ennemi des systèmes est lui-même très-systématique.

Convenons-en pourtant, il se laisse entraîner quelquefois plus loin qu'il ne voudroit, et c'est moins aux systèmes eux-mêmes qu'il déclare la guerre qu'à l'intolérance de l'esprit de système. Que s'il poursuit avec chaleur des vérités établies par quelques savans illustres, et confirmées par l'expérience des siècles, c'est qu'il redoute pour l'homme l'orgueil qui suit de près la science. Il semble craindre que l'intelligence des premiers principes ne mette en péril les vérités les plus importantes de la morale et de la religion, et qu'à force de s'occuper des lois qui gouvernent le monde, on ne vienne à oublier le législateur. Mais cette crainte ne le rend point injuste envers la science; il proteste, dans tous ses ouvrages, de son respect et de son admiration pour elle, et il rend partout hommage au génie des vrais savans. Il ne faut pas s'étonner de la chaleur qu'il met à défendre quelques-unes de ses théories; cette chaleur lui étoit naturelle, et il est bien excusable d'avoir soutenu vivement des opinions si vivement attaquées. Il est bien éloigné, d'ailleurs, de prétendre au titre de savant. Malgré la variété et l'étendue de ses connoissances, il ne présente les résultats de ses travaux que comme les études d'un ignorant. Il semble qu'il ait voulu, une fois pour toutes, se mettre en garde contre les séductions de la vanité, lorsque, dans le début de son ouvrage, il abaisse son esprit devant l'immensité de la nature, et qu'il se plaît à nous montrer sa science confondue et déconcertée à la vue des innombrables harmonies que lui présente l'histoire d'un fraisier venu par hasard sur sa fenêtre. *Je ne suis*, dit-il ailleurs avec la plus aimable modestie, *je ne suis, par rapport à la nature, ni un grand peintre, ni un savant physicien, mais un petit ruisseau souvent troublé, qui, dans ses momens de calme, la réfléchit le long de ses rivages.* C'est aux savans à décider si ses ouvrages renferment en effet plus d'erreurs que de vérités; s'il est vrai, comme on l'a dit, que le don d'*observer* la nature lui ait manqué. Mais quand il n'auroit reçu que celui de la peindre, son partage seroit encore assez beau; il pourroit suffire à sa gloire comme il suffit à nos plaisirs. Quant à ses erreurs, elles ne sauroient être bien dangereuses;

elles n'ont pas de funestes conséquences ; et s'il lui arrive de méconnoître quelques-unes des lois qui régissent cet Univers, l'ordre parfait de ses parties lui fait toujours reconnoître la main de l'immortel Architecte qui l'a créé et qui le conserve.

Mais ce qui le frappe surtout, ce qu'il se plaît à établir, c'est que, dans la disposition de son ouvrage, Dieu semble avoir tout fait pour l'homme. Bernardin de Saint-Pierre avoit une trop haute idée de la noblesse et de la dignité de notre nature, pour consentir à la confondre avec celle des animaux : aussi prend-il plaisir à la venger des injustes dégoûts de quelques philosophes, et s'efforce-t-il partout de la retirer du rang abject où ils ont voulu la reléguer, pour la faire remonter à la place auguste que lui assigna l'Auteur des choses. Il aime à nous montrer l'homme, au centre de la création, entouré de ses innombrables harmonies ; régnant en souverain sur la nature, et comblé des bienfaits d'un Dieu qui a pourvu, avec une munificence divine, à tous ses besoins, et dont la tendre sollicitude n'a pas même négligé les plaisirs de sa créature.

Ici une pensée l'arrête et l'afflige ; l'homme, au milieu de tant de biens, est resté misérable ! l'homme étoit né pour le bonheur, et pourtant il est malheureux ! quelle est donc cette étonnante contradiction? que signifie cette étrange dissonance, au milieu d'une harmonie si parfaite et si universelle? Ah ! nous dit Bernardin de Saint-Pierre, gardons-nous bien d'en accuser la Providence; gardons-nous bien de la calomnier, en lui reprochant des maux qui ne sont point son ouvrage. Oui, le désordre existe; il est grand sans doute; mais c'est à nous, à nous seuls que nous devons nous en prendre. Celui qui nous créa avoit mis à notre portée des biens simples et faciles, dont la jouissance, toujours sûre, devoit nous procurer sans peine tout le bonheur qu'on peut attendre dans cette vie passagère. Mais nous les avons dédaignés; parce qu'ils naissoient sous nos pas. Egarés par des désirs insensés, nous avons pris plaisir à nous former des félicités imaginaires; nous avons consumé notre vie à poursuivre ces fantômes; nous avons renoncé aux lois de la nature, qui nous menoient si doucement au bonheur, pour nous soumettre à l'inconstance et à la tyrannie des préjugés de la société; et au milieu des entraves que nous nous sommes données, gémissant sous le joug que nous nous sommes imposé nous-mêmes, nous pourrions élever la voix contre la Providence; nous oserions lui montrer nos fers, et lui demander compte de notre esclavage! Ah ! songeons bien plutôt à sortir de cet état malheureux. Le bonheur n'est pas perdu pour nous, si nous voulons le retrouver ; mais il faut l'aller chercher où l'avoit mis l'Auteur des choses, loin des gênes de la société, dans une obéissance paisible aux lois de la nature.

C'est ainsi que Bernardin de Saint-Pierre cherche à nous ramener à la nature, pour nous ramener au bonheur. Partout il oppose les lois naturelles aux lois sociales qui les contrarient, et ce contraste, qui se reproduit sans cesse sous sa plume, offre à son imagination les plus séduisans tableaux. Il aime à se former l'idée de quelque retraite champêtre, où il puisse, du moins en songe, échapper à une société qui l'attriste. C'est à bien peu de frais qu'il sait se rendre heureux. Un jardin, une chaumière, une source qui murmure, peut-être aussi quelque coin de bois pour y rêver, voilà le comble de ses vœux, et, comme le poëte latin, il n'en désire point davantage. Il se fixeroit volontiers sur les rives de la Seine, et sous *les pommiers de son pays ;* mais si le sort l'en éloignoit, il sauroit encore être heureux dans son exil, et pourvu qu'il vît la nature, il se croiroit dans sa patrie. Quelles riantes solitudes il se bâtit au milieu même du tumulte de nos faubourgs ! quel plaisir il prend à s'y composer un voisinage à son gré ! et quelles douces jouissances il se promet de goûter dans l'exercice de son ingénieuse bienfaisance! Mais jamais son talent ne se produit avec plus de grâce et plus d'éclat que lorsqu'il nous trace le tableau de quelque petite société, réunie pour l'ordinaire par des besoins et des malheurs communs, et vivant en paix sous la discipline de la nature. Il se complaît dans ces illusions de bonheur; il les embellit des images charmantes que lui fournissent ses souvenirs; son imagination fait le tour du globe pour les asseoir dignement; elle les promène par toute la terre; elle les place tour à tour au milieu des vastes forêts de la Gaule, dans les rians vallons de la Grèce, sur les rivages du Gange; sous le beau ciel des tropiques. Il semble vouloir nous faire entendre que le bonheur est de tous les lieux comme de tous les temps.

Tantôt détournant ses regards de la corruption de l'Egypte et de la barbarie de l'Europe, il s'arrête à la cour champêtre du roi Bardus, de cet Orphée de la Gaule, qui renouvelle sur les bords de la Seine les prodiges de l'antique harmonie; qui police ses peuples par des chansons, s'unit à eux par les plus doux bienfaits, et célèbre, dans sa hutte royale, des pompes rustiques dignes du palais d'Evandre (1).

---

(1) Les Gaules.

Tantôt il s'assied à la table hospitalière du bon Tyrtée, de ce pasteur de l'Arcadie, qui vit caché dans un vallon du mont Lycée, sans se soucier du reste du monde ; qui ne sait point où est Argos, et qui n'a jamais ouï parler du siége de Troie, ni de la gloire d'Agamemnon (1).

Une autre fois, il nous montrera au pied de la riche pagode de Jagrenat, dans le séjour même de l'orgueil et de la superstition des Brames, la cabane d'un pauvre Paria. L'infortuné étoit dès sa naissance repoussé par la société, il s'est réfugié dans la nature : il ne pouvoit être Indien, il s'est fait homme, et il a su trouver au sein même de sa misère des biens inconnus à ses tyrans, et à l'abri de leurs atteintes. Quelle leçon touchante nous offre l'histoire de cet homme de la nature, qui s'est élevé à force de malheur à la plus sublime philosophie ! Qui ne seroit attendri, lorsque banni de la société des hommes, il *tressaille* de désir à la vue de leur demeure où il n'ose pénétrer ; lorsqu'il s'y glisse furtivement la nuit, et qu'effrayé des calamités de toute espèce rassemblées dans l'opulente Délhi, il s'écrie douloureusement : J'ai donc vu une ville ; et que tombant à genoux, il remercie

---

(1) Les Gaules.

le Ciel, *qui pour lui apprendre à supporter ses maux lui en a montré de plus intolérables*. Mais qui pourroit retenir ses larmes lorsque le sort lui fait rencontrer parmi des tombeaux cette jeune Bramine destinée à périr sur le bûcher de son époux; lorsqu'il pleure sur cette femme du sang de ses tyrans, plus malheureuse encore que lui; et que ces deux infortunés unissant leurs douleurs s'exilent à jamais de la société, pour aller demander à la nature une patrie et des biens qu'elle ne leur refusera pas, et que rien ne pourra leur ravir (1).

Telle est la conclusion à laquelle arrive toujours Bernardin de Saint-Pierre; il veut encore nous y conduire, lorsque dans le plus parfait de ses ouvrages, il nous offre le tableau touchant de deux malheureuses femmes, victimes des préjugés cruels de l'Europe, qui ont retrouvé le bonheur sur une autre terre, dans la pratique des vertus les plus simples, dans les jouissances les plus innocentes, dans l'amour de la plus aimable famille. Mais cette paix si profonde doit être bientôt troublée; c'est de la société qu'elles ont quittée que leur viendra une seconde fois le malheur; et les chagrins pénétreront dans leurs cabanes si paisibles et

---

(1) La Chaumière Indienne.

si riantes, avec cet or de l'Europe qu'y apportera le gouverneur (1).

Malgré son éloignement pour la société, Bernardin de Saint-Pierre s'occupe quelquefois du soin de la guérir des vices et des préjugés qui l'affligent. La tâche est longue et difficile : il ose pourtant l'entreprendre ; non qu'il se flatte d'en venir à bout, mais parce qu'il s'y sent porté par son amour pour les hommes. Cette disposition bienveillante lui inspire mille projets divers pour le bonheur de ses semblables. Ce sont des plans d'éducation dont il bannit toute gêne et toute contrainte, et où l'on ne sera conduit que par l'attrait du plaisir; ce sont des écoles pleines de charme, où l'on n'enseignera d'autre science que la vertu ; ce sont des colonies d'étrangers, des villes de toutes les nations, des asiles ouverts à toutes les infortunes et aux malheureux de tous les pays; ce sont des élysées où à l'ombre des arbres de la patrie, s'éleveront les monumens du mérite modeste, et de ces vertus de tous les jours, qui n'ont point de spectateurs, et qui échappent trop souvent à la reconnoissance publique. Tels sont ces rêves d'un homme de bien, qui rappellent les riantes chimères du royaume de Salente et de ces ré-

---

(1) Paul et Virginie.

publiques idéales nées de l'imagination des philosophes de la Grèce.

A une époque mémorable où la France sentit le besoin d'institutions nouvelles, et où tous les esprits s'occupèrent de la réforme des abus et du perfectionnement de l'ordre social, Bernardin de Saint-Pierre, comme tant de bons citoyens, ouvrit son cœur à la plus douce des espérances, et se forma l'idée d'un bonheur auquel on sembloit toucher, mais que les passions des hommes devoient retarder encore long-temps. Jaloux de contribuer pour sa part à en avancer le terme, il rassembla tous ses plans de félicité publique épars dans ses *Etudes*, et sous le titre modeste de *Vœux d'un Solitaire*, il offrit à sa patrie ce tribut de son amour.

On retrouva dans cet ouvrage la même richesse d'imagination, la même grâce, la même douceur de style, et ce zèle ardent du bien public dont il fut constamment animé, et qui l'intéressoit si vivement, non-seulement au bonheur de ses concitoyens, mais à celui de l'humanité tout entière.

Avec une bienveillance si universelle et des principes religieux, puisés à de si nobles sources, Bernardin de Saint-Pierre dut être l'ami d'une croyance qui borne tous nos devoirs à l'amour de Dieu et des hommes. Aussi témoigne-t-il partout son respect et son admiration pour la morale de l'Evangile ; et, comme J.-J. Rousseau, il doit à ce sentiment fortement exprimé plus d'une page éloquente.

Bernardin de Saint-Pierre ne pouvoit parler froidement des grandes vérités de la religion et de la morale. Toutes les fois que son sujet l'y ramène, il s'échauffe, il s'anime, et ce style si plein de grâce et de douceur devient tout à coup rapide et entraînant. Mais quand il nous entretient de la bonté de Dieu et des bienfaits de la Providence, alors il étale à nos yeux tous les trésors de son imagination, il s'abandonne à toute la sensibilité de son âme, et il laisse voir dans son expression je ne sais quelle tendresse filiale. Du reste, il nous charme constamment par un style toujours élégant et naturel, toujours pur, toujours simple, souvent énergique et hardi. On peut s'étonner de rencontrer dans ses écrits quelques traits amers échappés à de cruels ressouvenirs ; cependant, si ce n'est pas là sa manière habituelle, il est facile de juger que le talent de l'épigramme ne manquoit pas à l'auteur du *Café de Surate* et du *Voyage en Silésie*.

Mais ce qui le distingue surtout, c'est la vivacité, l'abondance, la richesse de ses images; il ne les cherche point, elles lui viennent en foule ; et, comme la nature qui les lui donne, il se plaît à les répandre avec une sorte de profusion. Quoi qu'il traite, quoi qu'il écrive, sa pensée se présente à lui sous la forme la plus gracieuse et parée des plus riantes couleurs. Veut-il nous donner une idée de la manière dont il compose ses *Etudes*, il se représentera dans *une humble vallée, occupé à cueillir des herbes et des fleurs*: *trop heureux*, ajoute-t-il, *s'il en peut former quelques guirlandes pour parer le frontispice du temple que ses foibles mains ont osé élever à la majesté de la Nature!* Que de fraîcheur et que de grâce dans le début des *Vœux d'un Solitaire!* C'est *au bout de son jardin, sur un petit banc de gazon et de trèfle, à l'ombre d'un pommier en fleurs*, qu'il aime à s'occuper des intérêts du genre humain et de ceux de sa patrie. Les ravages d'un hiver désastreux lui rappellent les maux de la France; il se flatte que le retour du printemps lui ramènera de plus beaux jours; et, à la vue de ses abeilles *qui voltigent en bourdonnant de tous côtés*, sa pensée se porte naturellement sur les travaux d'une république bien autrement agitée.

C'est ainsi que les spéculations mêmes de la politique ne peuvent l'écarter de la nature; tout l'y ramène, parce qu'il veut sans cesse y revenir, et qu'il ne peut se lasser de la contempler et de la peindre. Cette étude assidue lui avoit donné un sentiment exquis de ses beautés, et lui faisoit trouver mille charmes dans la lecture des grands poëtes de l'antiquité, qui ont su la reproduire avec des couleurs si vives et si vraies. Les noms d'Homère et de Virgile reviennent souvent dans ses écrits; il s'arrête quelquefois à nous développer les grâces immortelles de leurs ouvrages; il donne à des passages négligés, ou mal entendus, les explications les plus simples et les plus ingénieuses tout à la fois; et ces petites dissertations sont des modèles d'une critique fine et délicate.

Bernardin de Saint-Pierre étoit digne d'interpréter les chefs-d'œuvre des grands maîtres; lui-même peignoit la nature en grand maître, avec de traits libres et hardis, sans jamais la dégrader par de frivoles ornemens, ni par une vaine recherche. Quoiqu'il possédât au plus haut degré l'heureux talent de décrire, il n'en abusa jamais, et il sut constamment se défendre des défauts inséparables de ce qu'on appela de son temps le *genre descriptif.* Il comprit qu'une suite de descriptions, quelque belles qu'elles soient d'ailleurs, quelque habilement liées qu'on les suppose, ne sauroit intéresser; que pour attacher fortement l'homme, il faut l'entretenir de lui-même, et que la nature ne peut lui plaire à moins qu'il ne s'y voie. Il *n'est point*, disoit-il, avec sa grâce accoutumée, *il n'est point de prairie qu'une danse de bergères ne rende plus riante; ni de tempête que le naufrage d'une barque ne rende plus terrible.* Aussi anime-t-il toutes ses peintures par la présence de l'homme, et le place-t-il sans cesse au centre de ses tableaux. Il se plaît surtout à nous le montrer au milieu des scènes nouvelles d'une nature étrangère. Assez longtemps nos poëtes ont reposé leurs amans sur le bord des ruisseaux, dans les prairies et sous le feuillage des hêtres; il veut en asseoir sur le rivage de la mer, au pied des rochers, à l'ombre des bananiers, des cocotiers et des citronniers en fleurs. *Il ne manque*, ajoute-t-il, *à l'autre partie du monde que des Théocrite et des Virgile.* Ah! pourquoi ces belles contrées envieroient-elles aux nôtres cet avantage? n'ont-elles pas eu aussi leur peintre, et reproduites à leur tour dans les descriptions enchantées de Bernardin de Saint-Pierre, n'ont-elles pas ravi notre imagination par la magnificence et la nouveauté des spectacles offerts à nos regards? Les cieux qui les éclairent, les végétaux qui les couvrent, les sites qui les décorent, ont rajeuni les tableaux de notre littérature, et leurs beautés étrangères, transplantées en quelque sorte par une main habile, semblent être devenues des productions de notre sol. Au milieu de tant de richesses, la muse pastorale n'a point regretté les champs fortunés de la Sicile et de l'Italie ; et en prenant possession de ses nouveaux domaines, elle y a trouvé, avec surprise et avec joie, d'aussi riantes prairies que celles de Mantoue et de Syracuse, d'aussi majestueux ombrages que ceux de l'Aréthuse et du Mincio ; elle y a célébré des noms qui nous sont devenus plus chers que ceux de Daphnis et de Galatée.

Eh! quels noms pourroient nous plaire autant que les noms de Paul et de Virginie ? En est-il qui réveillent dans l'âme d'aussi doux, d'aussi touchans souvenirs ? Qui ne se retrace avec charme les jeux et les amours de ces aimables enfans ? qui ne se rappelle avec douleur l'histoire de leur cruelle séparation et de leur fin déplorable ? Ah! sans doute l'impression que laisse dans les cœurs cette attendrissante pastorale doit décourager le panégyriste, et lui ôter l'espérance de pouvoir ajouter quelque chose à l'éloquence d'un pareil éloge.

D'où vient donc ce charme secret qui nous pénètre à la lecture de *Paul et Virginie ?* Ce n'est sans doute ni du rang des personnages, ni de l'éclat de leur vie, ni de la singularité de leurs aventures. Deux pauvres femmes exilées, qui n'ont plus d'autre bien que leurs enfans ; deux jeunes gens simples et ignorans ;

deux vieux serviteurs ; un ami dans le voisinage, voilà tous les membres de cette petite société. C'est dans une île presque déserte, dans une gorge de montagnes, au milieu des rochers, qu'ils se sont retirés tous, pour y cacher leur infortune. Ils y habitent des chaumières élevées par leurs mains, décorées pour tout ornement des instrumens de leurs travaux, et qu'entourent quelques foibles cultures qui soutiennent leur existence. Voilà la solitude où ils coulent des jours remplis tout entiers par le travail de leurs mains, et ignorés du reste de la terre. Leur réputation ne s'étend pas plus loin que l'enceinte de leur demeure; et si parfois on vient à demander qui ils sont, on répond, sans les connoître, *ce sont de bonnes gens.*

Mais *ces bonnes gens*, du sein même de leur misère et de leur obscurité, se sont élevés sans effort aux plus hautes vertus; c'est dans ces cœurs si simples que se sont produits et développés tous les sentimens d'une religion pure et éclairée; un amour et un respect profonds pour la Divinité; une confiance sans bornes dans sa providence, une résignation parfaite à sa volonté, une piété de tous les instans, une bienveillance qui s'étend à tous les hommes, une volonté perpétuelle de leur faire du bien. Ce n'est pas qu'ils raisonnent beaucoup sur la religion et sur la vertu, ils se contentent d'en pratiquer les devoirs; et pour me servir de l'expression de l'auteur, *leur morale est tout en action comme celle de l'Evangile.* Elle ennoblit les détails les plus familiers d'une vie qu'embellissent encore la jouissance tranquille des biens de la nature et le charme des affections domestiques. Une paix que rien n'altère, une abondance rustique, des plaisirs purs et toujours renaissans, voilà ce que leur offrent ces cabanes si pauvres lorsqu'ils viennent s'y délasser de leurs occupations champêtres. On n'y connoît que les tendres épanchemens d'un amour vertueux, que les tendresses de l'amitié maternelle et de l'amitié filiale. Heureuses familles, qui se suffisent à elles-mêmes, qui n'ont rien à chercher au dehors, et qui peuvent se passer même de la considération publique ! Trop heureuses, si une grande infortune ne venoit bientôt les tirer de cette douce obscurité, et exposer aux regards et à l'admiration des hommes, cette vertu modeste, qui s'ignore elle-même, et qui met son bonheur à se laisser ignorer !

Jamais, j'ose le dire, des images plus ravissantes de bonheur et de vertu ne s'étoient trouvées réunies dans un même ouvrage, à une peinture plus vraie de la vie commune et vulgaire ; c'est l'expression fidèle de ces mœurs simples et rustiques, qui nous rend si vraisemblable la perfection presque idéale de cette morale évangélique. C'est cette vérité de mœurs, qui fait à mon sens le premier mérite de *Paul et Virginie*, et je trouve l'éloge le plus complet de l'ouvrage dans cette exclamation naïve du gouverneur, lorsqu'il s'écrie, charmé du spectacle de ces familles fortunées : « *Il n'y a ici que des meubles de bois; mais on y trouve des visages sereins, et des cœurs d'or.* »

Parlerai-je de cette puissance d'imagination, qui d'un fond si simple, sans événemens, sans épisodes; qui du seul développement d'une vérité morale, a su tirer le sujet de tant de scènes touchantes? Parlerai-je de cette gradation de sentimens, par lesquels nous fait passer l'art de l'auteur, pour nous mener insensiblement aux derniers degrés du pathétique? Il ne nous intéresse si vivement aux premières années de Paul et de Virginie, il ne captive si doucement notre cœur par le tableau de leur félicité, que pour le déchirer ensuite par celui de leur infortune. C'est, si j'ose emprunter ici une expression de Fénélon, *une espèce de trahison* qu'il nous fait. Aussi, voyez comme le lecteur semble la pressentir; comme il s'arrête tout-à-coup au milieu de cette histoire; comme il se reporte en arrière, afin de reposer encore son imagination sur des scènes de bonheur et de paix! Mais, c'est en vain; il faut poursuivre cette déchirante lecture; il faut céder malgré nous à cet attrait cruel, qui nous y invite; il faut parcourir cette longue suite de tableaux douloureux, les adieux des deux amans, les tourmens de l'absence, les plaintes de l'amour malheureux, les consolations de la sagesse et de l'amitié qui n'obtiennent pour toute réponse que le nom de l'objet aimé; jusqu'à ce qu'on arrive enfin à ce moment d'une éternelle séparation; moment cruel, où une seule perte donne la mort à deux familles, et où voyant disparoître tant d'illusions charmantes, frappé en quelque sorte de tant de pertes successives, le lecteur s'unit lui-même aux regrets du vieillard, et se croit avec lui resté seul sur la terre.

C'est alors que, revenant de ce profond attendrissement, il contemplera sans doute avec quelque émotion l'historien de ces touchantes aventures; et qu'à la vue de ce front couronné de cheveux blancs, de cet air vénérable qui annonce une si grande expérience, de ces traits nobles et simples où de longs chagrins ont laissé l'empreinte d'un peu de mélancolie; à ces discours remplis d'une théologie si douce, d'une morale si aimable, d'une si tendre misanthropie, il reconnoîtra avec surprise qu'en renfermant dans le plus parfait de ses ouvrages l'abrégé de toutes ses pensées, l'auteur y a exprimé, comme à son insu, les principaux traits de son caractère.

Heureux celui qui, mettant son âme à découvert, n'en laisse voir dans ses écrits que de nobles images ; qui s'y montre partout tel qu'il est, bon, sensible, religieux, ami de l'innocence et de la vertu; qui pour consoler l'infortune lui fait entendre dans un langage plein de charmes la douce voix de la Nature ! Il se console lui-même en consolant les autres, et pour prix de ses soins généreux, il retrouve à son tour la paix qu'il leur a rendue. Déjà les tristes souvenirs du passé n'affligent plus sa mémoire; les troubles de son cœur s'apaisent, et les jours de son heureuse vieillesse s'écoulent dans un calme profond. C'est en vain que les orages des révolutions politiques grondent autour de sa retraite; son repos n'en peut être troublé. Recueillie tout entière dans ses tranquilles pensées, son âme ne s'occupe plus que de l'éternelle beauté de cet Univers, et des perfections infinies de son immuable Auteur. La mort seule vient interrompre de si hautes contemplations, et ses yeux avant de se fermer, s'arrêtent encore une fois sur le majestueux ensemble des *Harmonies de la Nature*.

www.ingramcontent.com/pod-product-compliance
Lightning Source LLC
Chambersburg PA
CBHW060551050426
42451CB00011B/1855